TRAITÉ ET THÉORIE
DE
CANNE ROYALE

PAR
EUGÈNE HUMÉ
ET
J. RENKIN

PREMIÈRE ÉDITION.

BRUXELLES,
IMPRIMERIE DE M.-J. POOT ET COMPAGNIE,
Vieille-Halle-au-Blé, 31
—
1862

ESCRIME.

TRAITÉ ET THÉORIE

DE

CANNE ROYALE.

DÉPÔT A LA LÉGATION FRANÇAISE.

—

Tous droits réservés.

ESCRIME

TRAITÉ ET THÉORIE
DE
CANNE ROYALE
PAR
EUGÈNE HUMÉ
ET
J. RENKIN.

PREMIÈRE ÉDITION

BRUXELLES,
IMPRIMERIE DE M.-J. POOT ET COMPAGNIE,
Vieille-Halle-au-Blé, 31.

1862

INTRODUCTION.

Le désir d'être utiles aux maîtres et aux amateurs est le seul motif qui nous guide en publiant cet ouvrage.

Nous ne sachons pas qu'il existe aucun traité de cette nature, et, quoique le nôtre soit bien abrégé, nous croyons n'y avoir rien omis d'essentiel.

Pour la facilité du lecteur, nous avons donné, dans l'un de nos chapitres, la manière de porter les coups, ainsi que l'explication des termes que l'on emploie dans l'art de la canne. De cette façon, nous pourrons lui enseigner nos leçons sans être obligés de nous arrêter pour lui donner la description de chaque mouvement.

Si, par exemple, nous lui parlons d'un coup de tête, il n'aura qu'à prendre connaissance du chapitre qui le décrit. Nos leçons seront donc faites sans la moindre interruption, et, par conséquent, à la portée de tout le monde.

Nous croyons nécessaire d'informer nos lecteurs qu'avant de publier cet ouvrage, nous nous sommes rendus dans les principales salles d'armes de Paris et de Bruxelles, où nous avons eu l'honneur de tirer avec les meilleurs maîtres, et que ce n'est qu'après avoir étudié leurs diverses méthodes que nous nous sommes hasardés, en notre qualité de membres brevetés de plusieurs sociétés d'escrime, de mettre au jour ce traité, bien incomplet, sans doute, mais pour lequel, vu notre intention, nous réclamons la plus grande indulgence.

CHAPITRE PREMIER.

LA CANNE. — SON UTILITÉ.

Elle se pratique à une main; son travail n'est pas soumis à des règles fixes, car tous les coups portés sont bons. Cet art est vraiment un jeu, son seul but est d'éviter les coups de l'adversaire et lui en porter le plus possible, sans avoir égard à aucune partie du corps.

Malgré cela, il est bien entendu que les coups doivent être appliqués selon les principes; ainsi, ce serait commettre une grande erreur que de supposer que le travail de la canne soit un art confus; mais, en le comparant à la pointe, à la contre-pointe, etc., il est facile de voir que les règles à suivre sont peu sévères. Cela n'empêchera pas cependant les jeunes gens qui se livreront à ce genre d'exercice d'avoir, dès leur début, certaines difficultés à surmonter; aussi, nous ne pouvons que leur conseiller d'avoir beaucoup de persévérance, et bientôt ils ressentiront le bien-être physique de cet art, qui donne au corps une gracieuse souplesse et corrige tous les défauts constitutionnels inhérents, pour ainsi dire, à l'enfance.

Ainsi, nous avons vu des jeunes gens cagneux, courbés, être complétement redressés par ce puissant exercice. Nous en avons vu d'autres, d'un caractère timide et presque lâche, gagner une audace réservée, une sage bravoure.

Nous tâcherons, par un dernier exemple, de prouver les nombreux avantages de la canne.

Soyez attaqué par plusieurs malfaiteurs, armés de bâtons et de couteaux. Votre badine suffira pour les mettre tous en fuite, éviter les coups qu'ils chercheront à vous porter, et, à votre tour, leur en appliquer qui les mettront à votre merci.

Il ne faut que ce stimulant pour vous engager à pratiquer un aussi bel art. La canne est, en quelque sorte, l'arme du bourgeois, comme le fer est celle du soldat.

CHAPITRE II.

CONSEILS AUX MAITRES.

Nous engageons ceux qui se livrent à l'enseignement de la canne, à mettre, dans leur méthode, le plus de brièveté possible, sans pour cela être obscurs. Nous leur conseillons, surtout, de prendre d'abord connaissance du caractère de l'élève, de sa force et de ses qualités physiques. Ainsi, il faudra employer plus de douceur avec un élève qu'avec un autre; ménager ceux qui ont des dispositions tardives; passer sur certaines petites fautes, tout en conservant la sévérité nécessaire pour ne pas leur laisser contracter de mauvaises habitudes; avoir assez de patience pour, s'il le faut, leur répéter mille fois la même chose; en un mot, exercer leur force par gradation. Car tel élève aura des dispositions beaucoup plus précoces qu'un autre; certains brûleront d'une ardeur trop forte, et, dans ce cas, il faudra la maîtriser, car souvent le trop d'activité devient plus dangereux que la lenteur.

Il faut donc que le maître fasse comprendre à l'élève que, sans modération, il est impossible d'acquérir du jugement et de la présence d'esprit, deux choses essentielles dans l'art de l'escrime, et spécialement dans l'art de la canne; la preuve, c'est qu'il n'est pas étonnant de voir un commençant, d'un caractère calme, acquérir la plus grande force. Pour le maître, c'est alors le moment le plus favorable de conduire l'élève à la vraie pratique.

Nous finirons ce chapitre par un dernier conseil, c'est de bien se garder de laisser faire assaut aux élèves, avant qu'ils ne connaissent parfaitement toutes les leçons, autant par la théorie que par la pratique; car il nous est pénible de devoir dire que, de nos propres yeux, nous avons vu des professeurs mettre tout de suite leurs élèves à la botte, avant de leur avoir donné la moindre notion des principes. On avouera qu'il faut avoir bien peu d'amour-propre de son art pour agir aussi légèrement.

CHAPITRE III.

CONSEILS AUX ÉLÈVES.

Il y a bien des choses à conseiller à ceux qui veulent se livrer à l'art de la canne. Nous allons énumérer les qualités qui sont nécessaires au tireur; l'élève n'aura donc qu'à travailler pour les acquérir.

Il doit montrer le plus de modération possible, avoir une contenance assurée et modeste, écouter sans mépris les bons conseils, rejeter toute fatuité, garder tout son sang-froid, éloigner toute crainte, conserver une ferme confiance; car, s'intimider et perdre sa fermeté devant l'adversaire, c'est courir au-devant du danger et mettre obstacle à ses desseins. Il ne faut pas manquer d'action, car, sans action, il n'est pas possible d'acquérir cette flexibilité du corps et cette subtilité si nécessaires au tireur. Certes, non.

Nous engageons donc beaucoup l'élève à se former le jugement, à se bien pénétrer des desseins de l'adversaire et à l'attendre de pied ferme; ne pas reculer devant les coups, chercher à venir à la parade et riposter au moment même; de là viennent cette vitesse, cette promptitude, cette célérité et cette activité, qualités qui sont communes au bon tireur.

Prendre toujours la parade, est rigoureusement ordonné; car chercher à saisir l'adversaire, au moment où il s'occupe de préparer son attaque, c'est être déjà touché; ne profitez donc jamais du coup de temps, arrivez d'abord à la parade, et puis, sans la moindre interruption, prenez tout de suite la riposte.

Nous le répétons, la canne est un jeu; une fois le combat commencé, il faut toujours être en mouvement, reprendre la garde lestement et attendre aussi que l'adversaire la reprenne, lorsqu'il a été touché.

Il arrive quelquefois que le maître n'attend pas que son élève reprenne la garde; il pare le coup et il lui en porte un autre aussitôt. Nous engageons celui qui commence à pratiquer la canne, de ne pas se rebuter contre cette méthode ; elle est bonne, car elle donne beaucoup de vivacité ; seulement, le professeur ne peut la mettre en pratique que pendant les cinq ou six premières leçons ; continuer plus longtemps, ce serait nuire à l'élève.

Un dernier mot pour terminer ce chapitre.

Il est important de prendre note que la canne se tient toujours entre le pouce et l'index ; les autres doigts restent à demi fermés. Il faut avoir soin de la tenir légèrement et de laisser le plus de jeu possible ; nous dirons même que c'est là le secret de l'art. A l'élève, maintenant, à suivre nos conseils.

CHAPITRE IV.

ÉQUIPEMENT.

On fait le choix d'une canne en bois dur, d'un masque garni, intérieurement et extérieurement, d'un large et gros bourrelet fourré de crin, cachant à demi la tête et complétement les oreilles, la moitié du front et une partie des deux joues; le milieu du visage est préservé par un treillis de fer qui doit être très-étroit. Il faut aussi que le masque soit traversé, à l'extérieur, par un ressort entouré de cuir, afin qu'on puisse le fixer avec aisance sur la tête.

La main avec laquelle vous tenez la canne doit être cachée par un gant rembourré et recouvert d'un crespin destiné à garantir l'avant-bras.

De grosses pantoufles ne peuvent nuire.

Un bon gilet de cuir, bien ouaté sur la poitrine et tout autour des bras, est chose indispensable.

Le pantalon est à la guise du tireur. Cependant, nous avons vu des maîtres, ainsi que des élèves, faire assaut avec un simple pantalon de coutil, un masque, un gant et une chemise fine.

La chose n'est pas étonnante, car, après un travail plus ou moins long, on s'habitue aisément aux coups, et l'on préfère même être vêtu légèrement.

CHAPITRE V.

EXPLICATION DES TERMES.

La botte. — C'est le coup porté avec réussite. Le coup peut être simple ou composé : il est simple lorsqu'il est fait d'un seul mouvement, composé lorsqu'il a fallu une ou plusieurs feintes pour le porter.

Feintes. — C'est feindre de porter un certain coup et en porter un autre. On compte deux sortes de feintes : la première est celle par laquelle on cherche à faire parer l'adversaire du côté opposé à celui auquel on veut porter la botte. La seconde se pratique de la même manière; seulement, il faut qu'elle se fasse avec assez de vitesse pour que l'adversaire n'ait pas le temps d'éviter le coup qu'on feint de lui porter.

Attaquer. — C'est chercher à toucher l'adversaire.

L'appel. — C'est frapper une ou plusieurs fois le sol avec le pied droit, en le laissant à la même place.

La parade. — C'est éviter le coup de l'adversaire; dans la canne, il est impossible de donner la désignation des parades; l'exercice seul doit vous guider, vous donner le moyen d'éviter tel ou tel coup. Tout ce que nous pouvons dire, c'est qu'il est bon de parer de façon à pouvoir garantir les flancs et la tête; ainsi, si l'on cherche à vous donner un coup de tête, ne levez pas trop la main.

La riposte. — C'est attaquer l'adversaire, aussitôt après avoir pris la parade.

Tac de la canne. — C'est riposter tout de suite après la parade.

Le tac-au-tac. — C'est riposter après avoir pris la parade à la riposte de l'adversaire.

Le coup pour coup. — C'est atteindre l'adversaire en même temps qu'il vous porte une botte avec réussite.

Coup passé. — C'est mal diriger la canne, tout en cherchant à porter une botte.

Les quatre faces. — Dans les 2e, 5e, 6e, 7e et 8e leçons, nous faisons renouveler les exercices à chaque face. Nous entendons, par là, les quatre murailles de la salle : 1° la muraille qui se trouve à votre droite; 2° celle qui se trouve derrière vous; 3° celle qui se trouve à votre gauche ; 4° le point de départ, ou celle qui se trouve devant vous. Pour faire les faces, on part toujours de droite.

Face. — Dans la première leçon, 3 faces sont ordonnées. Pour les faire, vous vous placez d'abord en garde, et vous tournez sur le talon droit, en avançant le pied gauche, de manière à faire face à droite, et pendant ces mouvements, vous moulinez à droite. Une fois la face prise, vous cessez les coups de figure et vous placez la canne sur l'épaule droite. Pour les 2° et 3° faces, vous tournez de nouveau à droite, comme la première fois.

Le mur. — Le mur est un exercice préparatoire avant l'assaut; il est composé du salut.

L'assaut. — C'est le combat réel entre les deux adversaires.

CHAPITRE VI.

PREMIÈRE POSITION.

Le corps, un peu tourné vers la gauche, doit être d'aplomb sur les hanches; la tête haute, le talon du pied droit contre la cheville du pied gauche, les pieds placés d'équerre, la main droite tenant la canne qui repose à terre, le bras gauche pendant le long de la cuisse gauche, la main gauche ouverte, la paume en dehors et le petit doigt allongé le long de la couture du pantalon. (*Fig. 1.*)

DEUXIÈME POSITION.

Pour passer de la première position à la garde, on procède de la manière suivante : Vous donnez un coup de tête devant vous, et vous ramenez tout de suite la canne sur l'épaule gauche, le bras droit plié sur la poitrine. En faisant ce mouvement, il faut placer la main gauche au bas du dos, bien effacer le bras, porter le pied droit en avant, à une distance de la cheville du pied gauche égale à la longueur qui existe entre la cheville du pied et l'extrémité du genou; les jarrets doivent être tendus. (*Fig.* 2.)

Si, au lieu d'avoir le pied droit en avant, vous avez le pied gauche, vous donnez à cette dernière position le nom de *garde à gauche*.

La garde peut se changer de trois manières : 1° par un saut sur place; 2° en rompant; 3° en avançant.

Il est à remarquer que pendant les leçons, la main gauche ne se place pas derrière le dos, mais bien au bas du cou; par ce moyen, l'élève évite certains coups qu'il pourrait fort bien se donner lui-même. (*Fig.* 3.)

CHAPITRE VII.

DÉSIGNATION DES COUPS.

Coups de figure. — Les coups de figure sont ceux qui se donnent le plus souvent dans la canne. Il faut, pour les appliquer, faire décrire à la canne un ou plusieurs cercles autour de la tête, et bien ajuster le visage de l'adversaire.

Il est inutile de dire que les coups de figure doivent toujours se donner du côté où l'on se tourne.

Coups de tête. — Les coups de tête s'appliquent en faisant décrire à la canne un ou plusieurs cercles, soit à un côté, soit aux deux côtés du corps.

Les coupés. — *Coups de flanc.* — Les coupés se donnent en battant les deux flancs avec la canne.

Les coupés ne sont autre chose que des coups de flancs, avec cette différence qu'au lieu de se battre les flancs, on vise, dans l'assaut, à ceux de son adversaire, tout en levant un peu le coude droit pour, au besoin, venir tout de suite à la parade du coup de tête.

Coup d'arrêt. — C'est plonger dans la poitrine de l'adversaire le bout de la canne qui touche terre, tout en tenant le bras tendu. Par ce moyen, il ne peut vous approcher ; ce coup est défendu, il est même de mauvaise grâce de feindre de le donner.

Coup de parties. — Vous faites faire à la canne un moulinet en arrière, et vous la relevez un peu, tout en la plongeant avec force dans les parties de l'adversaire. Ce coup est banni comme le précédent.

Coups de jarrets. — Ces coups se portent en frappant, soit à bras plié, soit à bras tendu, sur les jarrets de l'adversaire.

Coups de chevilles. — Les coups de chevilles se donnent comme les coups de jarrets, avec la seule différence qu'au lieu de chercher à atteindre les jarrets, on vise à porter un coup sur les chevilles.

Coup de bout. — C'est un coup fort cruel ; pour l'appliquer, il faut rejeter la canne en arrière, le long du bras droit, et frapper le visage de l'adversaire avec le bout que l'on tient en main.

Ce coup se donne lorsqu'on est serré ; nous engageons de le donner souvent. Grâce au masque, il ne peut blesser ; il peut débarrasser promptement du malfaiteur qui n'attaque ordinairement qu'en fondant sur son butin. (*Fig. 4.*)

Les *Coups de bras, de ventre, de poitrine* se donnent également. Nous croyons inutile de nous étendre longuement sur les coups à donner ; il nous suffira de dire que l'on peut frapper son adversaire partout où l'on trouve une place vulnérable.

L'ASSAUT.

L'ASSAUT.

MANIÈRE DE S'Y COMPORTER.

CHAPITRE VIII.

Avant de commencer l'assaut, on tire gracieusement le mur, qu'on fait suivre ordinairement d'un salut de couronnement; ensuite chacun met son masque. C'est au tireur le plus ancien à commencer l'attaque. Si, par hasard, la canne de votre adversaire tombe, il est de votre devoir de la ramasser et de la lui présenter avec politesse.

Il sied mal de prétendre avoir touché son adversaire, surtout lorsque celui-ci nie le coup. C'est également faire preuve de manque d'éducation que de nier le coup reçu ou de se fâcher après avoir été touché. Si, après un certain nombre de bottes, vous en tirez trois et qu'à la troisième votre adversaire touche, il est civil de l'inviter à tirer une dernière botte, qu'on appelle la *belle*, et qu'on lui laisse ordinairement remporter.

Nous croyons inutile de nous étendre plus longuement sur la manière de se comporter dans l'assaut.

L'élève saura qu'il faut user de politesse, non-seulement avec l'adversaire, mais encore avec le public.

Pour toutes les qualités physiques requises, nous renvoyons nos lecteurs au chapitre : *Conseils aux élèves.*

CHAPITRE IX.

PREMIÈRE LEÇON.

En garde. Trois faces. Quatre coupés; au quatrième coupé, il faut avoir la canne au flanc droit. Un coup de figure à gauche, un à droite; en donnant le coup de figure à gauche, vous tendez le jarret droit et vous pliez sur le genou gauche; en donnant le coup de figure à droite, vous pliez sur le genou droit et vous tendez le jarret gauche. Encore deux faces. Quatre coupés. Un coup de figure à gauche. Un coup de figure à droite. Après ces deux faces, vous avez le pied gauche en avant; vous revenez en garde, par un coup de tête à gauche, un coup de tête à droite; c'est au coup de tête à droite que la garde se reprend, en portant le pied droit en avant; ensuite, vous changez la garde par un saut sur place, en donnant des coups de figure à droite. Ayant changé la garde, vous avez de nouveau le pied gauche en avant, vous reprenez la garde par un coup de tête à gauche et un à droite.

CHAPITRE X.

DEUXIÈME LEÇON.

En garde. Saut à droite, première face; après ce saut, vous avez le pied gauche en avant; vous changez la garde par un second saut, toujours en restant à la même face. Puis, vous faites la deuxième face, vous changez deux fois la garde par deux sauts; ensuite, la troisième face, où vous faites encore deux sauts; vous faites un dernier saut à droite pour arriver à la quatrième face, celle du point de départ. A cette dernière, au lieu de changer deux fois la garde et ayant le pied gauche en avant, vous revenez simplement en garde par un coup de tête à gauche, un à droite; vous changez la garde par un saut et vous la reprenez par un coup de tête à gauche, un à droite.

Il est utile de rappeler que, pendant ces deux sauts, à chaque face, il faut toujours donner des coups de figure, en les changeant de direction à chaque saut.

CHAPITRE XI.

TROISIÈME LEÇON.

En garde. Vous faites trois pas devant vous, en sautant légèrement et en avançant, pour le premier pas, le pied droit; pour le deuxième, le pied gauche, et pour le troisième, le pied droit.

Tout en faisant ces trois petits sauts, vous donnez des coups de figure en les changeant de direction à chaque pas.

Une fois ces trois pas faits, vous vous retournez complétement, vous faites face en arrière, en faisant un saut à gauche, par le croisement des jambes. Vous faites de nouveau trois pas; après le troisième pas, vous renouvelez le saut par le croisement des jambes ; changez la garde en sautant, et vous revenez en garde par un coup de tête à gauche, un à droite.

CHAPITRE XII.

QUATRIÈME LEÇON.

En garde Vous avancez le haut du corps en avant et doublez la mesure de la garde. Vous vous élancez ensuite le plus loin possible, tout en donnant des coups de figure, et vous retombez sur le pied droit, le pied gauche en avant, en faisant face à droite. Vous donnez quatre coupés, un coup de figure à gauche, un coup de figure à droite. Vous reprenez la garde par un coup de tête à gauche, un coup de tête à droite ; ensuite, vous changez la garde par un saut et vous la reprenez par un coup de tête à gauche, un à droite.

CHAPITRE XIII.

VOLTE.

En garde. Vous portez le pied droit en arrière en tournant à droite sur la pointe du pied gauche. Vous tournez une deuxième fois, en portant le pied gauche en arrière et en tournant sur la pointe du pied droit; vous reportez ensuite le pied droit en arrière, de manière à être en garde le pied gauche en avant, en faisant les moulinets à droite.

Vient ensuite la demi-volte à gauche en avant. — Vous portez le pied droit en avant, en tournant légèrement sur la pointe du pied gauche; vous tournez sur la pointe du pied droit en portant le pied gauche en arrière, de manière à faire face en arrière et le pied droit en avant, les moulinets à gauche.

Vient après la demi-volte en arrière à droite, de manière à revenir face en tête, en tournant sur la pointe du pied droit et en portant le pied gauche en avant. Vous tournez sur la pointe du pied gauche en portant le pied droit en arrière, en faisant face en arrière ; vous revenez ensuite en garde par deux coups de tête ; vous changez la garde en sautant, et vous la reprenez par un coup de tête à gauche et un à droite.

CHAPITRE XIV.

CINQUIÈME LEÇON.

En garde. Même saut qu'à la quatrième leçon; une fois le saut fait, vous donnez quatre coupés, un coup de figure à gauche, un coup de figure à droite. Vous renouvelez cet exercice à chaque face et même à la quatrième. Vous terminez la leçon par la volte entière, la demi-volte à gauche et la demi-volte à droite.

Le changement de face de cette leçon se fait en sautant à droite par des coups de figure, les pieds parallèles.

CHAPITRE XV.

SIXIÈME LEÇON.

En garde. Tout en donnant des coups de figure, vous tournez à droite sur le talon gauche et vous placez le pied droit en arrière, le milieu du pied droit vis-à-vis le talon gauche ; vous revenez en garde par un coup de tête à gauche, un à droite ; au deuxième coup de tête à droite, vous laissez le bras droit levé, la main devant l'épaule gauche, la pointe de la canne inclinée à droite ; dans cette position, vous faites deux appels du pied, et aussitôt après le deuxième, vous donnez un coup de cheville. Vous renouvelez ces exercices à chaque face, en ayant soin de tourner à droite sur le talon gauche chaque fois que vous changez de face.

Une fois les exercices de la quatrième face

terminés, nous conseillons, comme cette leçon peut être prise pour le mur, de les faire suivre d'un salut de couronnement.

Le salut de couronnement se fait en faisant décrire à la canne un cercle entier au-dessus de la tête, de droite à gauche et de gauche à droite. Il est évident qu'il faut incliner la tête pour saluer les spectateurs. Il est du devoir du public de répondre à ce salut.

CHAPITRE XVI.

SEPTIÈME LEÇON.

En garde. Vous faites la volte aux quatre faces, les pieds sur une même ligne. A chaque face, vous portez trois coups de tête à droite et trois coups de parties. Prenez note que ces coups de tête et ces coups de parties se donnent du côté où vous allez faire la face après celle où vous vous trouvez. Aussitôt après, vous portez un coup de jarrets, mais, cette fois-ci, devant vous. A la quatrième face, vous revenez en garde par un coup de tête à gauche, un à droite; vous changez la garde en sautant, et vous revenez en garde par un coup de tête à gauche, un à droite.

A la quatrième face, vous pouvez également terminer la leçon par la volte entière, la demi-volte à gauche et la demi-volte à droite.

Il y a des professeurs qui font exécuter la volte à la fin de chaque leçon ; leur méthode est bonne, car elle donne beaucoup de vivacité, d'agilité et de souplesse.

CHAPITRE XVII.

HUITIÈME LEÇON.

En garde. Volte aux quatre faces. A chaque face, vous tombez à fond par un coup de bout. Après cela, vous faites un saut en arrière, toujours dans la même position, c'est-à-dire en gardant le pied droit en avant et le gauche en arrière; tout en faisant ce saut, vous donnez un coup de flancs; ensuite, sans mettre d'interruption, vous sautez une seconde fois en arrière; mais, cette fois-ci, vous ramenez les pieds sur une même ligne et vous donnez un coup de jarrets.

A la quatrième face, celle du point de départ, vous finissez par la volte.

CONCLUSION.

Notre tâche est remplie. Nous le répétons, nous n'avons pas eu la prétention d'offrir à nos lecteurs un traité complet de *Canne royale*, mais seulement un petit abrégé dont le but est de donner des règles plus ou moins fixes à un art si ancien, et pourtant si peu apprécié de nos jours.

Si l'on daigne nous critiquer, nous demandons qu'on le fasse loyalement. Mais si l'on veut profiter de nos leçons, ce sera notre meilleure récompense ; car nous aurons atteint le but que nous nous sommes proposé en publiant ce petit traité.

TABLE DES MATIÈRES.

	Pages.
INTRODUCTION	5
CHAPITRE PREMIER. — La canne, son utilité	7
» II. — Conseils aux maîtres.	9
» III. — Conseils aux élèves	11
» IV. — Équipement	15
» V. — Explication des termes : La botte. — Les feintes. — L'attaque. — L'appel. — La parade. — La riposte. — Le tac de la canne. — Le coup pour coup. — Le coup passé. — Les quatre faces. — La face. — Le mur. — L'assaut	17
» VI. — Première position	21
» — Deuxième position	21

Pages.

CHAPITRE VII.	— Désignation des coups : Coups de figure. — Coups de tête. — Les coupés. — Les coups de flancs. — Le coup d'arrêt. — Le coup de parties. — Les coups de jarrets. — Les coups de chevilles. — Le coup de bout, etc.		25
» VIII.	— L'assaut. — Manière de s'y comporter		27
» IX.	— Première leçon		31
» X.	— Deuxième leçon		33
» XI.	— Troisième leçon		35
» XII.	— Quatrième leçon		37
» XIII.	— Volte		39
» XIV.	— Cinquième leçon		41
» XV.	— Sixième leçon		43
» XVI.	— Septième leçon		45
» XVII.	— Huitième leçon		47
CONCLUSION			49

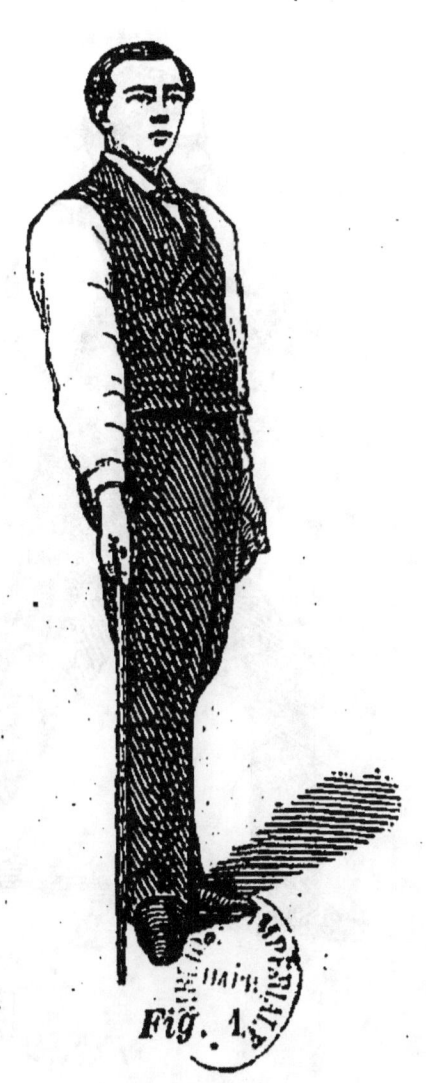

Fig. 1.

Fig. 2.

Fig. 5.

Fig. 4.

www.ingramcontent.com/pod-product-compliance
Lightning Source LLC
LaVergne TN
LVHW022159080426
835511LV00008B/1470